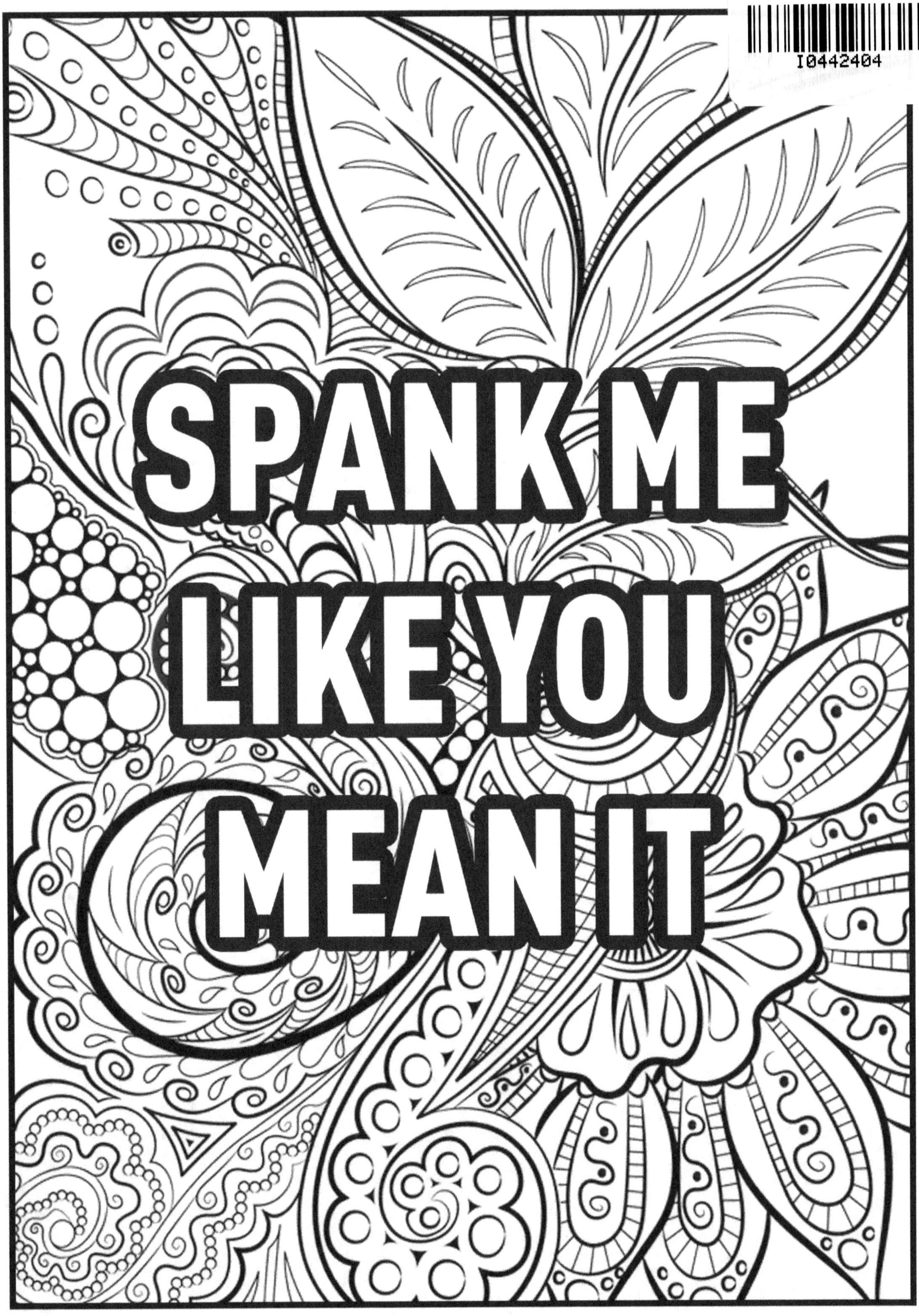
SPANK ME
LIKE YOU
MEAN IT

FUCKING SHIT

PIECE OF SHIT

FUCKING
WHORE

DIRTY
FUCKING
SLUT

BLOW JOB
PRINCESS

EAT A BAG
OF DICK

FUCK MY
MOUTH
AND CALL
ME A GOOD
GIRL

FUCK
ME
HARD

CHOKE
ME
ZADDY

GAG
ON
MY
DICK

FOREPLAY
IS FOR
PUSSIES
WEEN
31

THUNDERCUNT

FUCK OFF
BITCH

RIDE ME
LIKE YOU
STOLE ME

CHOKE
ON MY
COCK

FUCK OFF

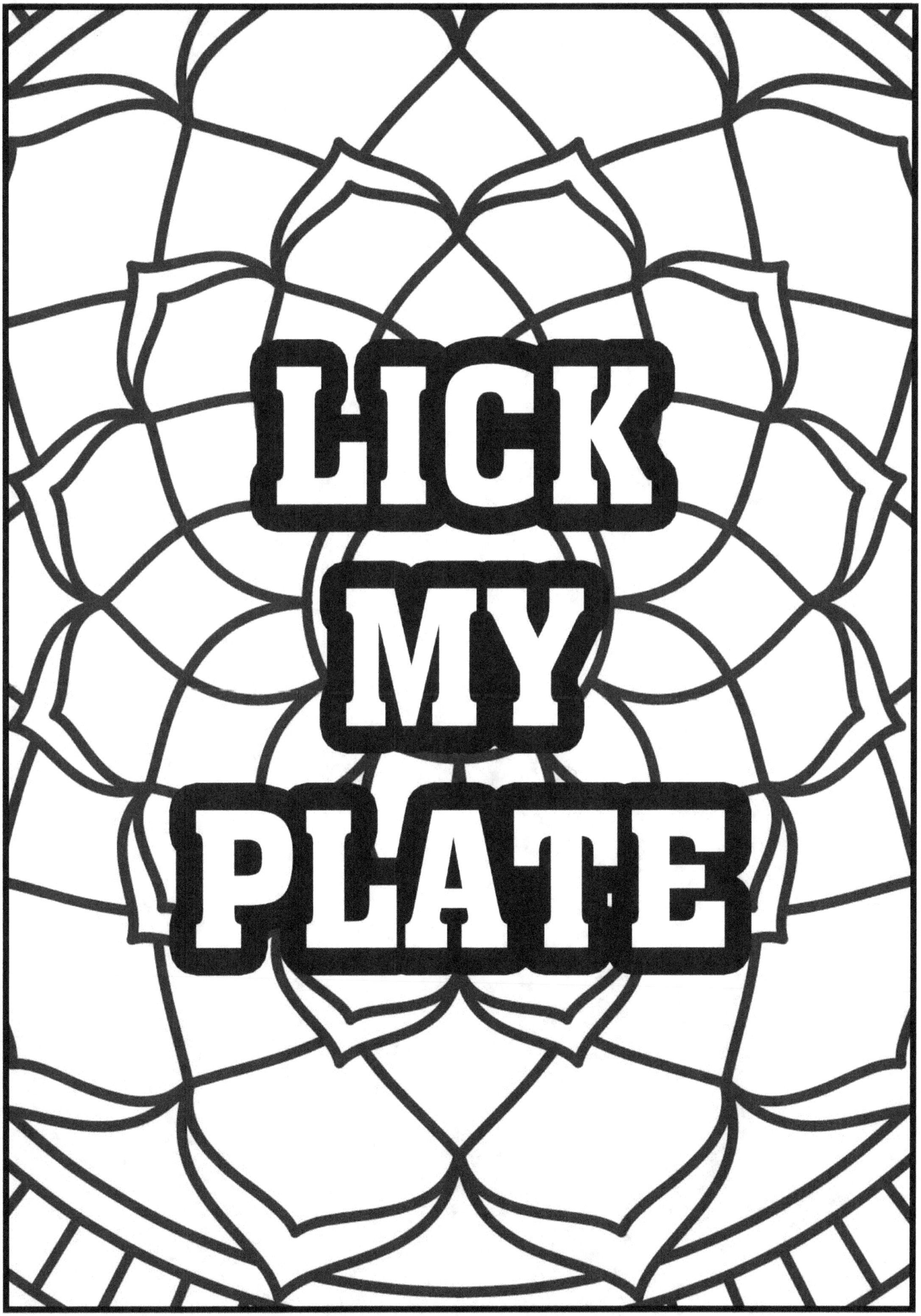
LICK
MY
PLATE

CUNT

VAGITARIAN

I FUCK
LIKE A
PORN
STAR

EAT
PUSSY

MILF

BULLSHIT

FUCK
WIT

www.ingramcontent.com/pod-product-compliance
Lightning Source LLC
Chambersburg PA
CBHW081702220526
45466CB00009B/2854
9798589898972